まちごとチャイナ

Liaoning 010 Fushun
撫　順
露天掘り炭坑と「煤都」

Asia City Guide Production

【白地図】撫順と瀋陽郊外

CHINA
遼寧省

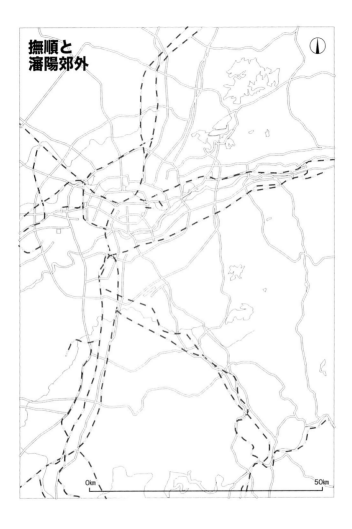

【白地図】撫順

CHINA
遼寧省

撫順

Fushun 白地図

【白地図】永安台

CHINA
遼寧省

永安台

Fushun 白地図

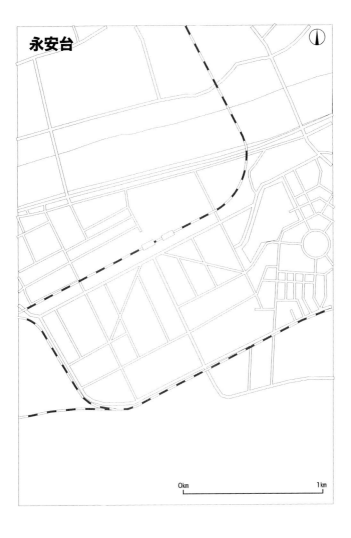

【白地図】撫順旧城

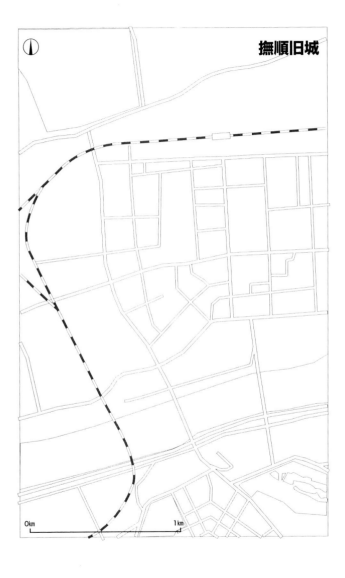

【白地図】撫順戦犯管理所

CHINA
遼寧省

撫順戦犯管理所

Fushun 白地図

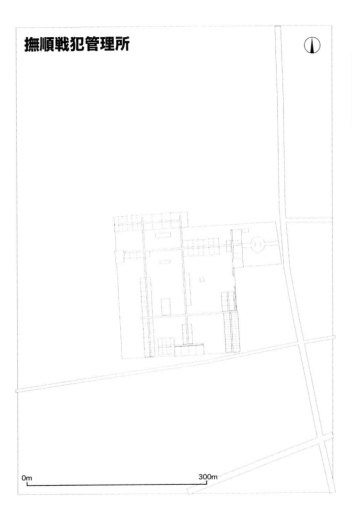

0m　　　　　　　　300m

【白地図】撫順郊外

CHINA
遼寧省

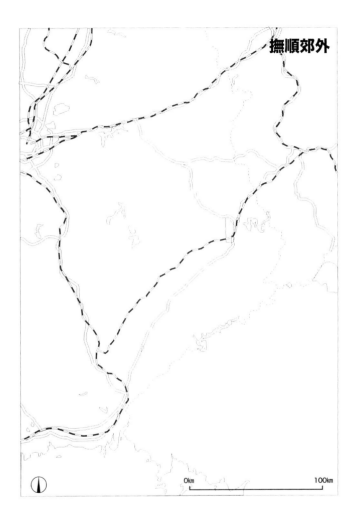

撫順郊外

Fushun 白地図

【白地図】薩爾滸風景区

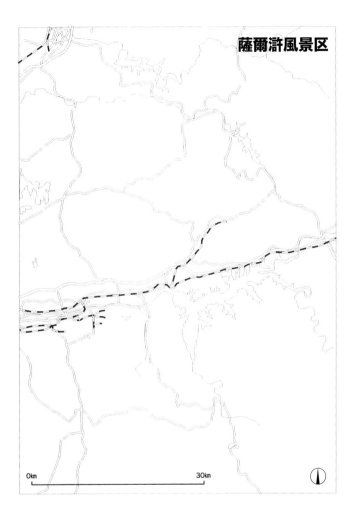

【白地図】新賓満族自治県

遼寧省

新賓満族自治県

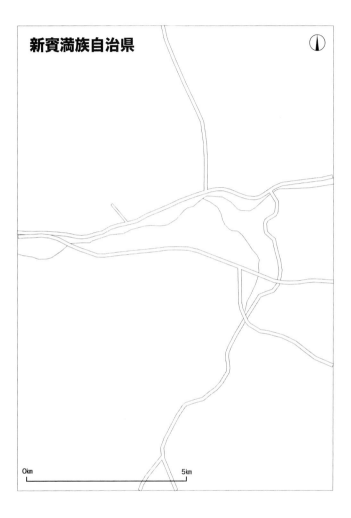

Fushun

白地図

【白地図】永陵

遼寧省

永陵

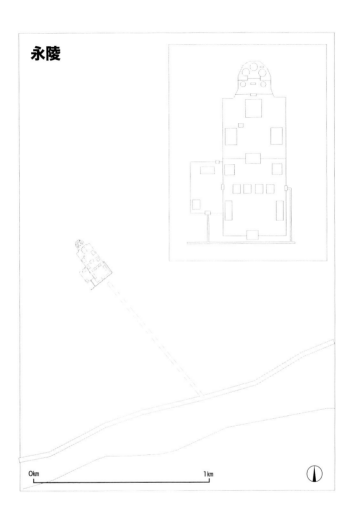

Fushun 白地図

【白地図】赫図阿拉城

CHINA
遼寧省

【まちごとチャイナ】

遼寧省 001 はじめての遼寧省

遼寧省 002 はじめての大連

遼寧省 003 大連市街

遼寧省 004 旅順

遼寧省 005 金州新区

遼寧省 006 はじめての瀋陽

遼寧省 007 瀋陽故宮と旧市街

遼寧省 008 瀋陽駅と市街地

遼寧省 009 北陵と瀋陽郊外

遼寧省 010 撫順

遼寧省の省都瀋陽から東60kmに位置する炭鉱都市、撫順。良質な炭質、豊富な炭量で知られ、渦を巻きながら地底250mの深さに達する巨大な露天掘りで石炭が産出されている。

もともと撫順の地は、漢族と満州族の交わる接点となっていて、明代には街の東に関所がおかれていた。明末の1618年、清の太祖ヌルハチはその外側（撫順市新賓満族自治県）から挙兵して翌年、明軍を破り、撫順、瀋陽へと進出した。

撫順ではヌルハチの墓陵（瀋陽の東陵）に近いというこ

撫順
撫順 fǔ shùn フウシュン
Fu Shun

ろから長らく地中を掘ることが許されていなかったが、清代末の1901年に採炭がはじまり、そして日本の満鉄時代に炭田が開発された（10億トンの埋蔵量をもつと言われた）。石炭を中心に発電、冶金、化学といった工業都市としての性格は今も続いている。

【まちごとチャイナ】
遼寧省 010 撫順

目次

撫順 ·· xxii

満鉄時代から続く工業都市 ················· xxviii

撫順城市案内 ·························· xxxiii

炭鉱で発展した街 ······················ xxxviii

続撫順城市案内 ························· xlv

撫順郊外城市案内 ······················· lxix

新賓城市案内 ·························· lxxx

満州族故地を訪ねて ····················· xcii

【MEMO】

【地図】撫順と瀋陽郊外

CHINA
遼寧省

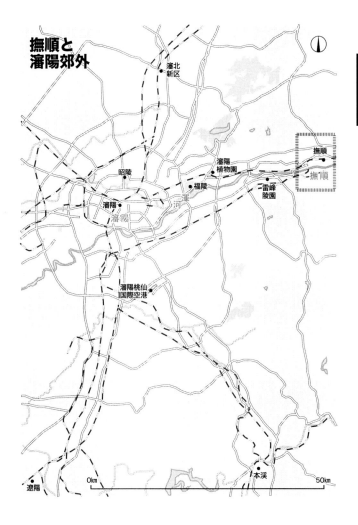

満鉄時代から続く工業都市

CHINA
遼寧省

煤都として名高い撫順
この街では多くの人が鉱業に従事し
炭を細工した煤精彫刻は撫順の特産品となっている

中国を代表する工業都市

清朝発祥のこの地では、長いあいだ土を掘れば龍脈を乱すと考えられ、清朝末期になるまで地下資源の開発が認められていなかった。日露戦争中の1905年に日本の勢力下に入り、満鉄による調査で膨大な埋蔵量の石炭が確認され、20世紀になってから工業都市として急速に発展をはじめた。他の国よりもエネルギーの石炭依存度が高い中国にあって、現在は石炭のほかにも石油化学、電力、冶金などの重工業地帯を形成し、コンビナート都市となっている。

▲左 「炭坑の街」撫順、日本ともゆかりが深い。　▲右　ヌルハチ以前の愛新覚羅一族をまつった永陵

撫順の構成

明清時代の撫順城は渾河の北側にあり、20世紀初頭、日本が露天掘りの開発をはじめたとき、炭鉱近くの千金寨にはわずか40戸の中国人集落がたたずむばかりであった（1905年の奉天会戦のとき、もっとも東の戦線にあたり、この戦いのあと日本が撫順を占領した）。炭鉱開発のため、撫順城ではなく、渾河南の炭鉱近くの千金寨に人が集まるようになり、やがて炭鉱の拡大とともに千金寨も掘られ、永安台に新市街がつくられた（炭鉱を中心に都市が形成されていった）。また愛新覚羅溥儀や戦犯として収容された日本人が過ごした撫

順戦犯管理所は、渾河の北側に位置する。

漢族と満州族の接点

撫順という地名は「辺彊を撫綏し、夷民を順導す（辺境を安定させ、異民族を導く）」に由来するという。遼東平野から山間に遷るこの地には唐代に鎖陽関、明代に撫順関がおかれ、黄河中流域の漢族と東方の異民族の境界となっていた（明代、辺墻と呼ばれる万里の長城が、撫順の東二十里に走っていた）。明代、異民族を懐柔するため、市場（馬市）が開かれ、その交易を通して撫順外側に暮らす満州族のヌルハチ（清の

 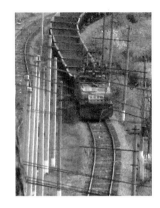

▲左 戦後、戦犯管理所がおかれたことでも知られる。　▲右 トロッコが石炭を運び出す

太祖）が台頭した。1619年、ヌルハチは撫順東郊外のサルフの戦いで明の大軍を破り、明清交代への道筋をつくった。

Fushun　満鉄時代から続く工業都市

【MEMO】

Guide, Fu Shun
撫順
城市案内

撫順の街は炭鉱を中心に発展を遂げてきた
満鉄時代から満州国をへて
現代にいたるまで開削が進められている

撫順炭鉱 抚顺炭矿
fǔ shùn tàn kuàng フウシュンタンクゥアン ［★★★］

西は古城子河から東は竜鳳坑村まで東西20km、南北5kmにおよぶ世界最大規模をもつ撫順炭鉱。この炭鉱は、1904 〜 05年の日露戦争で日本が獲得し、満鉄による調査のあと豊富な埋蔵量を有する炭鉱の開発が進められた。地表をらせん状に掘っていく「露天掘り」様式の西露天掘りや東露天掘り、また坑道を掘る様式の「坑内掘り」の大山坑、老虎台坑、竜鳳坑などから石炭が産出された。当初、千金寨にあった市街は炭層のうえを通ることから街自体が遷され、また 1936 〜 38

CHINA
遼寧省

年、炭層の厚いところを流れる楊柏堡河を上流で西に曲げて古城子河に連結するという工事も行なわれた。欧米では「満鉄の名前は知らなくとも、撫順の名を知らぬものはない」と言われるほどだったという。

▲左　莫大な石炭埋蔵量を誇った撫順炭鉱。　▲右　露天掘りの向こうに煙突が見える

西露天砿参観台 西露天矿参观台
xī lù tiān kuàng cān guān tái
シィルゥティエンクゥアンサンガンタイ ［★★☆］

らせん状に掘られた巨大な露天掘りを眺めることができる西露天砿参観台。平均が40m（もっとも厚いところの炭層は80〜120m）になり、傾斜が30度近くある撫順の炭層の産出にあたって、露天掘りの様式が採用された。東西7km、南北2kmになる西露天掘りは、深さ250m近くまで掘り進められ、石炭はトロッコ（炭車）で運び出されている。

【地図】撫順

【地図】撫順の [★★☆]
- [ ] 西露天砿参観台 西露天矿参观台
  シィルゥティエンクゥアンサンガンタイ
- [ ] 平頂山惨案遺址紀念館 平顶山惨案遗址纪念馆
  ピンディンシャンサンアンイィチィジィニェングァン
- [ ] 撫順戦犯管理所 抚顺战犯管理所
  フウシュンチャンファングァンリイシュゥオ

【地図】撫順の [★☆☆]
- [ ] 永安台 永安台ヨンアンタイ
- [ ] 煤都賓館 煤都宾馆メイドォウビングゥアン
- [ ] 渾河 浑河フンハァ
- [ ] 高爾山公園 高尔山公园
  ガオアァシャンゴンユェン

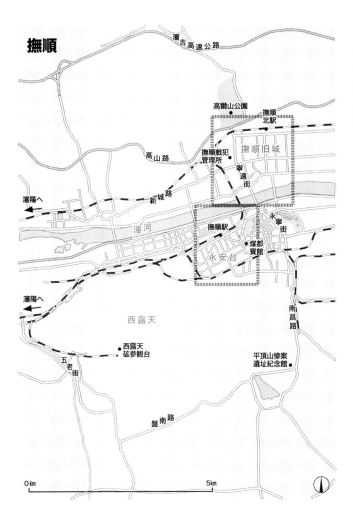

炭鉱で発展した街

CHINA
遼寧省

日本統治時代、鞍山の製鉄所とならび称された撫順炭鉱
ここで算出された石炭は南満州鉄道によって
港湾都市大連へと運ばれた

炭鉱のはじまり

石炭は古代の植物が炭化して地下資源となったもので、プレートの衝突によって撫順炭鉱の横ずれ断層が発達した。撫順の石炭は今から2000年前の漢代には採炭されていたと言われ、その後、遼金時代（10～13世紀）、高麗人が陶器づくりの燃料や貨幣鋳造の手工業に石炭を使っていた（元代になると高麗人は朝鮮半島に移住し、採炭はとまったが、当時の陶磁器破片が出土する）。17世紀、清代になると太祖ヌルハチの福陵に近いことから地面を掘ることが禁じられ、中国人による採炭は1901年になって認められた。この撫順の

Fushun 炭鉱で発展した街

採炭にロシアの資本が入り、東清鉄道（満鉄の前身）を使って東北各地に石炭が運ばれるようになった。日露戦争中の1905年3月、奉天会戦で勝利した日本は撫順炭鉱を獲得し、やがて満鉄によって開発が進められた。

満鉄による開発

20世紀初頭、石炭は80％を占める第一次エネルギーで、石炭埋蔵量の調査結果、撫順に巨大な炭層があることがわかった（資源獲得と開発は、日本の悲願だった）。初代満鉄総裁の後藤新平は三菱鉱業から松田武一郎を招聘して炭鉱長と

【MEMO】

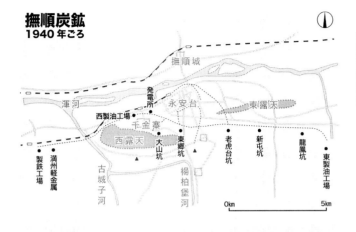

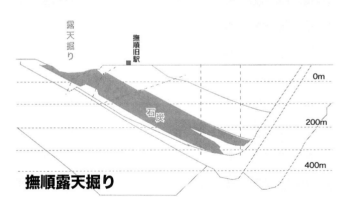

CHINA
遼寧省

し、コンビナート都市が形成されていった。また満鉄中央試験所の研究で、撫順の油母岩から艦隊用の燃料となる石油の抽出に成功した。1932年に満州国が成立したあとも撫順は、重工業都市として発展を続けた。

炭鉱で働く人々

撫順炭鉱では、秋の収穫が終わる10月から春の農繁期の3月まで山東省や河北省から出稼ぎにきた苦力と呼ばれる人々が多く働いていた。これらの人々は採炭、運搬、排水などの劣悪な環境で低熟練労働にあたり、100〜200人の大部屋に

▲左　ガラス越しに映る壁にはられた撫順日報。　▲右　らせん状に掘られた西露天掘り

暮らしながら、1日12時間も働いたという（また労働者のために歓楽園という施設が備えられていた）。撫順の炭層は厚いがゆえガスが充満し、水による伝染病も発生するなど、撫順炭鉱の災害発生率は高かった。

Guide, Fu Shun 2
続撫順
城市案内

満鉄によって開発された永安台の街
平頂山惨案遺址紀念館や撫順戦犯管理所といった
日本と深いかかわりのある地が点在する

平頂山惨案遺址紀念館 平顶山惨案遗址纪念馆
píng dǐng shān cǎn àn yí zhǐ jì niàn guǎn
ピンディンシャンサンアンイィチィジィニェングァン［★★☆］

1932年9月、満州事変から1年が過ぎようとしていた日、撫順炭鉱と日本人が中国人抗日ゲリラ（中国側からは遼寧民衆自衛軍）に襲撃にあい、炭鉱の施設が放火され、10数名の死傷者が出た。これを受けて、日本の撫順守備隊は平頂山集落の住民が匪賊に通じているとして、全住民を1か所に集めて機関銃掃射で殺害するという平頂山事件が起こった（一夜にして集落が消滅したと伝えられ、中国側は死者3000人、

CHINA
遼寧省

日本側は死者400〜800人としている)。この事件は戦後、明るみになり、1951年、この地に殉難碑が立てられた。平頂山惨案遺址紀念館では、当時の事件を伝える展示が見られ、火薬で爆破して埋められたという800体の遺体のあとが長さ80m幅5mの溝状に残っている。

▲左　戦間期に起きた悲劇を伝える平頂山惨案遺址紀念館。　▲右　1951年の殉難碑建立から大幅に整備されている

事件のあらまし

平頂山集落は、撫順市街から4km離れた山間に位置し、村人の多くが撫順炭鉱の労働者だった。1931年の満州事変から満州国を建国した日本に対して、中国人抗日ゲリラの活動が活発化し、撫順の東部にその拠点があった。当時、日本軍は抗日ゲリラとの戦いに明け暮れ、撫順ではゲリラの襲撃に備えて日本人の外出がさけられるほどだった。こうしたなか「戒め」とする意味で、軍は抗日ゲリラと通匪したという平頂山の村民に強硬な姿勢でのぞんだと言われる。

【地図】永安台

【地図】永安台の [★☆☆]
- [ ] 永安台 永安台ヨンアンタイ
- [ ] 撫順旧駅 抚顺旧站フウシュンジュウチャン
- [ ] 煤都賓館 煤都宾馆メイドゥビングゥアン
- [ ] 渾河 浑河フンハァ

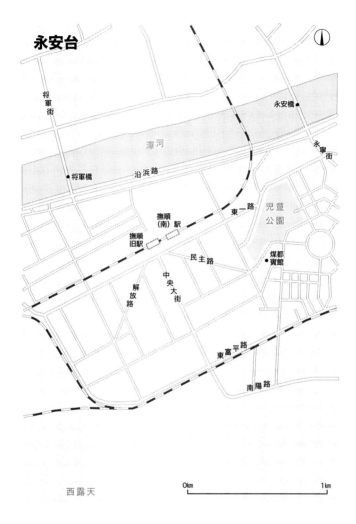

遼寧省

永安台 永安台 yǒng ān tái ヨンアンタイ ［★☆☆］

永安台は満鉄によって整備された都市で、撫順旧駅からまっすぐ伸びる中央大街と斜めに走る道路という街区をもつ。当時、豊富な炭鉱資源のあった撫順は各家庭に蒸気の暖房が備えられた近代都市だった。もともと千金寨に市街が構えられていたが、その地下に炭層があることがわかり、5km北東の丘陵地に新市街永安台が建設されたという経緯がある（1932年の満州国建国後は、日本内地から技師や建築家が派遣されたため、1910〜20年代の永安台建設は満鉄による最後期のものだった）。

続 撫順城市案内 / Fushun

撫順旧駅 抚顺旧站
fǔ shùn jiù zhàn フウシュンジュウチャン［★☆☆］

満鉄による付属地（実質的な植民地）のなかでその中心にあった撫順旧駅。石炭をはじめとする鉱物を大連に運び出す重要な役割を果たし、当時、旅順、大連、瀋陽、長春とともに五大停車場と呼ばれていた。撫順の石炭、長春からの大豆を乗せた列車は瀋陽南部の蘇家屯で合流した。

CHINA
遼寧省

煤都賓館 煤都宾馆
méi dōu bīn guǎn メイドォウビングゥアン [★☆☆]

満鉄時代、撫順ヤマトホテルとして利用されていた煤都賓館。満鉄初代総裁後藤新平の指示のもと、迎賓館となる一流ホテルの建設が各地で命じられた。1949年の中華人民共和国成立以後も要人が宿泊する格式の高いホテルとして利用されることになった。

撫順と李香蘭

満州国と満鉄の出資でできた満映のスター女優李香蘭は、12

▲左 煤都賓館、満鉄による撫順ヤマトホテルが前身。 ▲右 高層マンションが次々に建てられている

歳までを炭鉱の街撫順で過ごした（1920年、瀋陽郊外に生まれ、すぐに撫順に移住した。東京をはじめて訪れたのは18歳のときだった）。李香蘭の父は撫順で満鉄の社員に中国語を教え、当時、撫順には4万人の日本人と28万人の中国人が暮らしていた。

渾河 渾河 hún hé フンハァ ［★☆☆］

撫順の街を東から西へ流れる渾河。明代以来の撫順城と満鉄の開発した市街は渾河にかかる永安橋で結ばれている。渾河から上流に進むと、清朝発祥の地が広がる。

【地図】撫順旧城

【地図】撫順旧城の ［★★☆］
- ☐ 撫順戦犯管理所 抚顺战犯管理所
  フウシュンチャンファングァンリイシュゥオ

【地図】撫順旧城の ［★☆☆］
- ☐ 高爾山公園 高尔山公园 ガオアァシャンゴンユェン
- ☐ 渾河 浑河 フンハァ

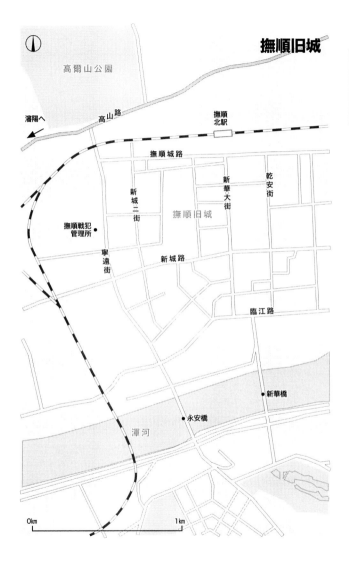

【地図】撫順戦犯管理所

【地図】撫順戦犯管理所の [★★☆]
- 撫順戦犯管理所 抚顺战犯管理所
  フウシュンチャンファングァンリイシュゥオ

【地図】撫順戦犯管理所の [★☆☆]
- 改造末代皇帝陳列室 改造末代皇帝陈列室
  ガイチャオモォダイファンディイチェンリエシイ
- 向抗日殉難烈士謝罪碑 向抗日殉难烈士谢罪碑
  シャァンカンリイシュンナンリエシイシエチュイベイ

撫順戦犯管理所

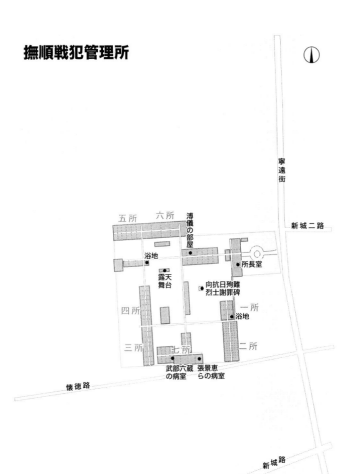

遼寧省

城壁に囲まれた撫順城

1388年の明代、漢族による東北の支配拠点として撫順城が築かれ、凸型の城壁に囲まれていた（北に山を、南に渾河をもつ風水上の要地にあたる）。その後、1778年、乾隆帝が清朝発祥の地であるこの地の城を再建し、東西400m、南北500mの城壁に囲まれた城郭都市の姿をしていた。1904～05年の日露戦争をへて、撫順炭鉱の開発がはじまると、街の中心は炭鉱に近い渾河の南へと移っていった。

▲左　戦後、日本人も収容されていた撫順戦犯管理所。　▲右　ラストエンペラー愛新覚羅溥儀が過ごしたという部屋

撫順戦犯管理所 抚顺战犯管理所
fǔ shùn zhàn fàn guǎn lǐ suǒ
フウシュンチャンファングァンリイシュゥオ ［★★☆］

清朝のラストエンペラー愛新覚羅溥儀や旧日本軍など満州国に関わった人々1300人が戦犯として収容された撫順戦犯管理所（ソ連に抑留されていた人々が撫順へ1950年に移送された）。1936年、満洲国時代に犯罪者を収容する目的で建てられたこと、東北の政治の中心である瀋陽に近いことなどから、撫順の収容所「遼東第三監獄」が戦犯管理所に選ばれた。日本語のできる中国人看守や炊事係、看護婦、医師が集めら

CHINA
遼寧省

れ、収容された人々は交代で掃除をしたり、学習するなかで思想改造が行なわれた。

改造末代皇帝陳列室 改造末代皇帝陈列室
gǎi zào mò dài huáng dì chén liè shì
ガイチャオモォダイファンディイチェンリエシイ [★☆☆]

清朝のラストエンペラーで、満州国の皇帝でもあった愛新覚羅溥儀が収容されていた改造末代皇帝陳列室。1945年の日本の敗戦を受けて、溥儀は日本に亡命する途上、瀋陽の飛行場でソ連軍に捕まりハバロフスクに収監されていたが、1950

Fushun 続撫順城市案内

年に中国側に引き渡され、ここで思想教育が行なわれた。3歳のとき清朝第12代皇帝に即位した溥儀は、1912年の清朝滅亡、1932年の満州国建国と激動の人生をたどるが、「私は皇帝として毎回48種のお菜があり、いずれも山海の珍味でしたが、食べてもなんの味もありませんでした」「(今は) 毎食一斤の包子をたべることができ、大変美味しくいただいております」と述べている。溥儀はその後、特赦を受け、北京植物園で働き、1967年に生涯を終えている。

CHINA
遼寧省

向抗日殉難烈士謝罪碑 向抗日殉难烈士谢罪碑
xiàng kàng rì xùn nán liè shì xiè zuì bēi
シャァンカンリイシュンナンリエシイシエチュイベイ [★☆☆]

撫順戦犯管理所に収容されていた日本人が中心になって建てられた向抗日殉難烈士謝罪碑。シベリアに5年抑留されていた日本人のうち969人が1950年、撫順に移され、ここでの生活のなかで自らが中国で犯した犯罪を自白する坦白を行なった（罪を認めたものに対して、中国側は寛大な措置をとった）。高さ6.37m、大理石と花崗岩製で1988年に創建された。

▲左　遼代の塔がそびえる高爾山公園。　▲右　この地の人々に受け入れられた仏教

高爾山公園 高尔山公园
gāo ěr shān gōng yuán
ガオアァシャンゴンユェン ［★☆☆］

撫順の北側にそびえる高爾山を利用した公園（撫順の北側は小高い丘陵が続き、そのなかで高爾山がもっとも高い）。三方を山に囲まれ前面に渾河が流れる地の利をもち、明代の撫順城は高爾山の南側にあった。また古くは高爾山を南端にして335年に築かれた高句麗の新城が周囲4kmに渡って展開し、対立する中国の北朝への軍事拠点となっていた。そのため土器や鉄器、古銭などが出土するほか、公園のなかには遼代に

CHINA
遼寧省

創建された八角形のプランをもつ古塔、明代創建の観音閣が残る。

高句麗の新城

鴨緑江河畔で紀元前1世紀に成立した高句麗は、7世紀に唐に滅ぼされるまで中国東北地方から朝鮮半島北部にかけて勢力をほこっていた(紀元前10世紀ごろから撫順にはのちに高句麗を樹立する濊貊族が暮らし、この一帯は文化的な均一性があった)。撫順は、漢代には玄菟郡に属していたが、4世紀、高句麗がこの地を奪取して新城を築いた。中国王朝が

続撫順城市案内 Fushun

南北朝から隋唐へと遷るなかで、新城はモンゴルや漢族への前線にあたり、おもに遼寧省の遼河が両者の国境となっていた。高句麗は防御の観点から新城（貴端城）のような山城をいくつも築いたが、この新城は日本統治時代の1933年に発掘された。

【MEMO】

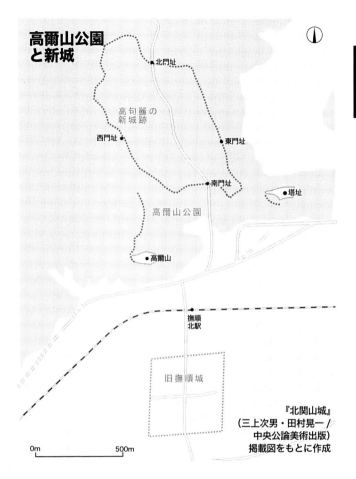

『北関山城』
（三上次男・田村晃一／
中央公論美術出版）
掲載図をもとに作成

Guide, Fu Shun Jiao Qu
撫順郊外城市案内

明清交代の契機となったサルフの戦い
その古戦場はダムの建設で湖のなかに沈み
周囲には美しい景色が広がっている

サルフ（薩爾滸）風景区 萨尔浒风景区
sà ěr hǔ fēng jǐng qū
サァアァフウフェンジンチュウ [★☆☆]

撫順東郊外15kmに位置するサルフ風景区。明に対して挙兵したヌルハチが明軍を破った古戦場跡で、現在は渾河の水を利用した巨大な人造湖（ダム）が広がっている。サルフ山は渾河の南岸にそびえ、標高70mに過ぎないが険しい峰をもつ。1958年に建てられたダム、ヌルハチの像が立つほか、森林に覆われ、景勝地が点在する。

【地図】撫順郊外

【地図】撫順郊外の [★★☆]
- [ ] 新賓満族自治県 新宾满族自治县 シンビンマンズゥズゥチイシャン
- [ ] 永陵 永陵 ヨンリン
- [ ] 赫図阿拉城 赫图阿拉城 ハァトゥアァラァチャン

【地図】撫順郊外の [★☆☆]
- [ ] サルフ（薩爾滸）風景区 萨尔浒风景区 サァアァフウフェンジンチュウ
- [ ] 元帥林 元帅林 ユゥアンシュゥアイリン
- [ ] 大伙房水庫 大伙房水库 ダァフゥオファンシュイクゥ

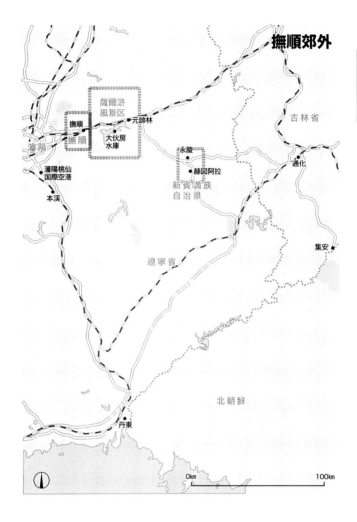

【地図】薩爾滸風景区

【地図】薩爾滸風景区の [★☆☆]

- [ ] サルフ（薩爾滸）風景区 萨尔浒风景区 サァアァフウフェンジンチュウ
- [ ] 元帥林 元帅林 ユゥァンシュゥアイリン
- [ ] 大伙房水庫 大伙房水库 ダァフゥオファンシュイクゥ
- [ ] 雷峰陵園 雷峰陵园 レイフェンリンユゥエン

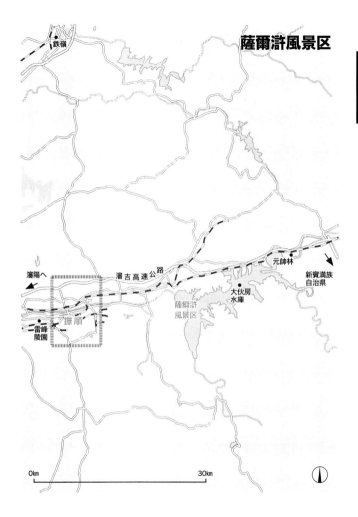

▲左 サルフ（薩爾滸）風景区を移動するカート。　▲右 古戦場跡は人造湖の下

サルフの戦い

朝鮮人参や貂皮の交易などで力をつけた女真族のヌルハチは、周囲の女真族をまとめて1618年、明に対して挙兵した。1619年、10万あまりの明軍に対し、ヌルハチは明に劣る兵力をサルフに集めて野戦で勝負をかけ、5日間の戦いののちこれを破った。こうして山間の平地や山麓から遼東平野に繰り出したヌルハチと満州族は、1625年、瀋陽に拠点を構え、清朝の礎を築くことになった。サルフの戦いは明清交代の契機になった戦いとして、乾隆帝がのちに碑文をもうけ、亭を建てている。サルフの古戦場、またその後、ヌルハチが築い

【MEMO】

遼寧省

た拠点は湖の底に沈んでいる。

元帥林 元帅林
yuán shuài lín ユゥァンシュゥアイリン [★☆☆]

20世紀初頭に瀋陽を中心に東三省をおさめた張作霖の陵墓としてつくられた元帥林。1927年、北京に入城した張作霖が大元帥を称したことにちなみ、蘇子河、渾河の流れる風光明媚の地に位置する（張作霖は蒋介石の北伐を受け、瀋陽に戻る途中、日本軍に爆殺された）。息子張学良によって1400万元を投じて1929年建設がはじまったが、1931年の満州事

▲左　風景区の入口付近には楼閣が立つ。　▲右　明の大軍を撃破したヌルハチの彫像

変で工事が中断し、結局、張作霖が埋葬されることはなかった。石段をのぼったところに純白の大理石の牌坊が立ち、北京の隆恩寺にあった清朝ヌルハチの第7子アパタイの墓地から運ばれた明清代の石刻がおかれている。

大伙房水庫 大伙房水库
dà huǒ fáng shuǐ kù ダァフゥオファンシュイクゥ[★☆☆]
大伙房水庫は渾河の流れを利用してつくられた巨大なダムで、高さ48m、頂部の幅8m、底の幅330m、長さ1367mの規模をもつ。中華人民共和国成立後まもない1954年に着工

CHINA
遼寧省

し、1958年に完成した(水力発電によるエネルギー確保などが目指された)。

雷峰陵園 雷峰陵园
léi fēng líng yuán レイフェンリンユゥエン [★☆☆]
中国共産党の一員として活躍した雷峰陵園。雷峰の部隊の駐屯地があったところで、毛沢東による石碑が残っている。

Guide,
Xin Bin Man Zu Zi Zhi Xian
新賓
城市案内

CHINA
遼寧省

清朝を樹立した満州族は
新賓満族自治県の地から北京へせめあがった
ヌルハチが構えた赫図阿拉城、世界遺産の永陵が見られる

新賓満族自治県 新宾满族自治县
xīn bīn mǎn zú zì zhì xiàn
シンビンマンズゥズゥチイシャン ［★★☆］

新賓満族自治県は撫順市から東に90kmに進み、渾河の支流である蘇子河をさかのぼったところに位置する。ここはのちに清朝へ続くヌルハチが拠点としたことから、清朝発祥の地とされ、現在でも満州族が多く暮らす満族自治県となっている（ヌルハチの祖先をまつった関外三関のひとつ永陵や、赫図阿拉城が見られる）。のちにこの地を訪れた清朝4代康熙帝が自然を讃えて詩を詠むなど美しい自然が広がる。

▲左　永陵のタクシ碑、フマン碑。　▲右　モンティムール碑、ギオチャンガ碑と4つの陵墓がならぶ

永陵 永陵 yǒng líng ヨンリン ［★★☆］

清の関外三関のひとつ永陵は、新賓満族自治県を流れる蘇子河の北、啓運山の南麓に築かれ、清の太祖ヌルハチの祖先がまつられている。モンティムール（肇祖原皇帝）、フマン（興祖直皇帝）、祖父ギオチャンガ（景祖翼皇帝）、父タクシ（顕祖宣皇帝）といったヌルハチの祖先廟が横一列にならび、こぢんまりとした質素なたたずまいをしている（皇帝を意味する黄金の瑠璃瓦でふかれている）。もともと明代の1598年に建造され、興京陵と呼ばれていたが、北京遷都後の1659年に順治帝によって整備されて永陵と名づけられた。

【地図】新賓満族自治県の [★★☆]
- [ ] 新賓満族自治県 新宾满族自治县 シンビンマンズゥズゥチイシャン
- [ ] 永陵 永陵 ヨンリン
- [ ] 赫図阿拉城 赫图阿拉城 ハァトゥアァラァチャン

【地図】新賓満族自治県の [★☆☆]
- [ ] 佛阿拉旧老城 佛阿拉旧老城 フォアァラァジュウラオチャン

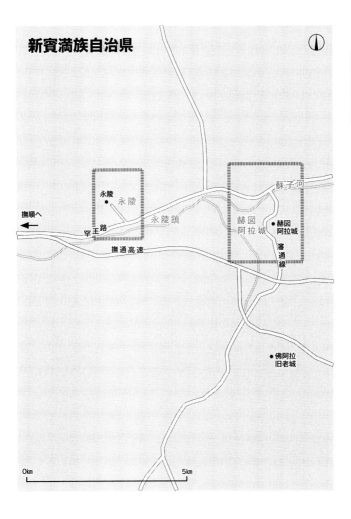

【地図】永陵

【地図】永陵の [★★☆]
- 永陵 永陵ヨンリン

CHINA
遼寧省

永陵

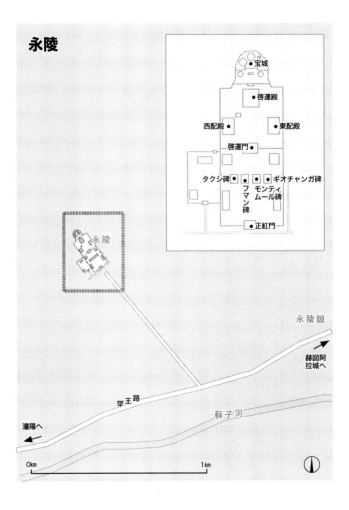

Fushun　新賓城市案内

遼寧省

赫図阿拉城 赫图阿拉城
hè tú ā lā chéng ハァトゥアァラァチャン [★★☆]

永陵の東、二道河と蘇子河の合流地点の左岸に展開する赫図阿拉城（ホトアラ城）。ここは1603年、酋長ヌルハチが周囲の建州女真族をまとめ、後金を樹立してから築城された城で、ヌルハチは1616年、女真族からゲンギェン・ハン（「英明なるハン」）の称号を送られている。ここは満州族の聖地長白山から来た龍脈が通り、瀋陽方面へとつながっていく要地にあたり、丘陵を利用して尊号台や城隍廟、文廟、望楼などがおかれていた。長さ2.5kmの内城と4.5kmの外城に囲まれた様

▲左　赫図阿拉城では満州族料理を食することができる。　▲右　ヌルハチが築いた赫図阿拉城、瀋陽へ遷都する以前の拠点

式は、この地方独特のもので、瀋陽も同様の構成をもっていた。1619年、サルフの戦いで明を破ると、この赫図阿拉老城から拠点を西に遷し、遼陽、やがて瀋陽へと拠点を遷していった。盛京と呼ばれた瀋陽に対し、赫図阿拉城は1634年、ホンタイジの時代には興京と呼ばれた。

【MEMO】

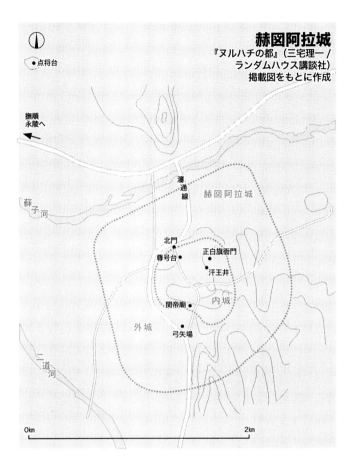

▲左 満州族が暮らしている民家。　▲右　皇帝を意味する龍、故宮などでも同様の意匠が見られる

佛阿拉旧老城 佛阿拉旧老城
fó ā lā jiù lǎo chéng フォアァラァジュウラオチャン[★☆☆]

佛阿拉旧老城（フェアラ城）は、女真族の統一するため1583年に挙兵したヌルハチが最初に拠点をおいた城塞跡。1587年に築かれ、赫図阿拉城の南に位置する（興京旧老城とも呼ばれる）。

満州族故地を訪ねて

CHINA 遼寧省

明末、漢族の辺境で細々と生活していた満州族
12〜13世紀、華北に金を樹立していた祖先にちなんで
後金が樹立され、やがて清朝へとつながっていった

明の辺墻

明は唐代以来、漢族を中心とする中原の王朝として東北地方へ領域を広げたが、第3代永楽帝の時代以後は後退することになった。歴史的に漢族は万里の長城を築いて北方民族の侵入を防いできたが、遼東半島にも石や土などで辺墻と呼ばれる万里の長城の一種が築かれた（かつて高句麗も遼河に沿って城壁を築くなど、遼寧省の地は漢族と異民族の争奪の場であった）。この辺墻は遼河流域、遼西、遼東東部の撫順を走り、北方に追いやったモンゴル族の再入を防ぐこと、また異民族経営の拠点とする目的があった。明代、北方のモンゴル族に

Fushun 満州族故地を訪ねて

よる侵略を繰り返し受けるなかで、その戦略上、建州衛の称号を与えて満州の女真族を懐柔していた。

ヌルハチとマンジュ・グルン

明代、撫順東方には建州女真、海西女真、野人女真の3つの女真族がいて、1559年、ヌルハチはこのうち撫順にもっとも近い建州女真の貴族の家に生まれた（12世紀、女真族は金を樹立し、華北に勢力を広げた）。建州女真は野生人参や貂皮などを撫順で交易するなかで力をつけ、1583年、ヌルハチは女真族を統一するべく100人ほどで兵をあげた。明に

【MEMO】

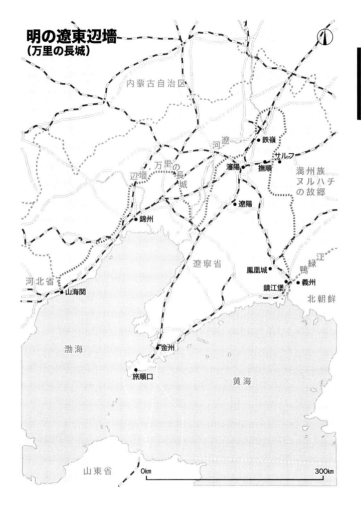

CHINA
遼寧省

従う姿勢を見せながら、わずか5年で建州女真は統一され、1587年、佛阿拉旧老城（フェアラ城）を最初の居城とするこの国はマンジュ・グルンと称された（東方を鎮護する文殊菩薩にちなむマンジュの国）。

豊かな遼東平野目指して

建州女真を平定したヌルハチは、1603年、佛阿拉旧老城（フェアラ城）から北の赫図阿拉城（ホトアラ城）に居城を遷し、1613年までに全女真族を統一した。1616年、ヌルハチは女真族からゲンギェン・ハン（英明なるハン）の称号を送ら

▲左　撫順戦犯管理所の内部、両側に囚人部屋が続く。　▲右　撫順郊外ののどかな光景

れ、ここに後金が建国された。1618年、明への対決姿勢を示したヌルハチに対して、明は1619年、大軍を差し向けたが、サルフの戦いでヌルハチひきいる満州軍が勝利した。以後、ヌルハチは豊かな遼東平野へ進出し、遼陽、瀋陽へと拠点を遷していった。この時代は、豊臣秀吉が朝鮮出兵（征明軍）した1592〜1598年に重なり、東アジアが混乱するなかで、ヌルハチは台頭した。第2代皇帝ホンタイジの時代に清が樹立され、この王朝は第3代順治帝の時代に北京に遷都された。

参考文献

『撫順都市計画（1905〜1945年）ある植民都市の計画と建設』（越沢明／地域開発）

『撫順炭坑』（南滿洲鐵道株式會社撫順炭坑／東京印刷株式會社大連出張所）

『撫順炭砿終戦の記』（満鉄東京撫順会／満鉄東京撫順会）

『北関山城　高爾山山城：高句麗「新城」の調査』（三上次男、田村晃一／中央公論美術出版）

『ヌルハチの都』（三宅理一／ランダムハウス講談社）

『平頂山事件』（石上正夫／青木書店）

『中国撫順戦犯管理所職員の証言』（新井利男資料保存会／梨の木舎）

『忘れ得ぬ満洲国』（古海忠之／経済往来社）

『世界大百科事典』（平凡社）

まちごとパブリッシングの旅行ガイド
Machigoto INDIA , Machigoto ASIA , Machigoto CHINA

【北インド - まちごとインド】

001 はじめての北インド
002 はじめてのデリー
003 オールド・デリー
004 ニュー・デリー
005 南デリー
012 アーグラ
013 ファテープル・シークリー
014 バラナシ
015 サールナート
022 カージュラホ
032 アムリトサル

【西インド - まちごとインド】

001 はじめてのラジャスタン
002 ジャイプル
003 ジョードプル
004 ジャイサルメール
005 ウダイプル
006 アジメール（プシュカル）
007 ビカネール
008 シェカワティ
011 はじめてのマハラシュトラ
012 ムンバイ
013 プネー
014 アウランガバード
015 エローラ
016 アジャンタ
021 はじめてのグジャラート
022 アーメダバード
023 ヴァドダラー（チャンパネール）

024 ブジ（カッチ地方）

【東インド - まちごとインド】

002 コルカタ
012 ブッダガヤ

【南インド - まちごとインド】

001 はじめてのタミルナードゥ
002 チェンナイ
003 カーンチプラム
004 マハーバリプラム
005 タンジャヴール
006 クンバコナムとカーヴェリー・デルタ
007 ティルチラパッリ
008 マドゥライ
009 ラーメシュワラム
010 カニャークマリ
021 はじめてのケーララ
022 ティルヴァナンタプラム
023 バックウォーター（コッラム〜アラップーザ）
024 コーチ（コーチン）
025 トリシュール

【ネパール - まちごとアジア】

001 はじめてのカトマンズ
002 カトマンズ
003 スワヤンブナート

004 パタン
005 バクタプル
006 ポカラ
007 ルンビニ
008 チトワン国立公園

【バングラデシュ - まちごとアジア】

001 はじめてのバングラデシュ
002 ダッカ
003 バゲルハット（クルナ）
004 シュンドルボン
005 プティア
006 モハスタン（ボグラ）
007 パハルプール

【パキスタン - まちごとアジア】

002 フンザ
003 ギルギット（KKH）
004 ラホール
005 ハラッパ
006 ムルタン

【イラン - まちごとアジア】

001 はじめてのイラン
002 テヘラン
003 イスファハン
004 シーラーズ
005 ペルセポリス
006 パサルガダエ（ナグシェ・ロスタム）
007 ヤズド
008 チョガ・ザンビル（アフヴァーズ）
009 タブリーズ

010 アルダビール

【北京 - まちごとチャイナ】

001 はじめての北京
002 故宮（天安門広場）
003 胡同と旧皇城
004 天壇と旧崇文区
005 瑠璃廠と旧宣武区
006 王府井と市街東部
007 北京動物園と市街西部
008 頤和園と西山
009 盧溝橋と周口店
010 万里の長城と明十三陵

【天津 - まちごとチャイナ】

001 はじめての天津
002 天津市街
003 浜海新区と市街南部
004 薊県と清東陵

【上海 - まちごとチャイナ】

001 はじめての上海
002 浦東新区
003 外灘と南京東路
004 淮海路と市街西部
005 虹口と市街北部
006 上海郊外（龍華・七宝・松江・嘉定）
007 水郷地帯（朱家角・周荘・同里・甪直）

【河北省 - まちごとチャイナ】

001 はじめての河北省
002 石家荘
003 秦皇島
004 承徳
005 張家口
006 保定
007 邯鄲

【江蘇省 - まちごとチャイナ】

001 はじめての江蘇省
002 はじめての蘇州
003 蘇州旧城
004 蘇州郊外と開発区
005 無錫
006 揚州
007 鎮江
008 はじめての南京
009 南京旧城
010 南京紫金山と下関
011 雨花台と南京郊外・開発区
012 徐州

【浙江省 - まちごとチャイナ】

001 はじめての浙江省
002 はじめての杭州
003 西湖と山林杭州
004 杭州旧城と開発区
005 紹興
006 はじめての寧波
007 寧波旧城
008 寧波郊外と開発区
009 普陀山
010 天台山
011 温州

【福建省 - まちごとチャイナ】

001 はじめての福建省
002 はじめての福州
003 福州旧城
004 福州郊外と開発区
005 武夷山
006 泉州
007 廈門
008 客家土楼

【広東省 - まちごとチャイナ】

001 はじめての広東省
002 はじめての広州
003 広州古城
004 天河と広州郊外
005 深圳(深セン)
006 東莞
007 開平(江門)
008 韶関
009 はじめての潮汕
010 潮州
011 汕頭

【遼寧省 - まちごとチャイナ】

001 はじめての遼寧省
002 はじめての大連
003 大連市街
004 旅順
005 金州新区

006 はじめての瀋陽
007 瀋陽故宮と旧市街
008 瀋陽駅と市街地
009 北陵と瀋陽郊外
010 撫順

【重慶 - まちごとチャイナ】

001 はじめての重慶
002 重慶市街
003 三峡下り（重慶〜宜昌）
004 大足

【香港 - まちごとチャイナ】

001 はじめての香港
002 中環と香港島北岸
003 上環と香港島南岸
004 尖沙咀と九龍市街
005 九龍城と九龍郊外
006 新界
007 ランタオ島と島嶼部

【マカオ - まちごとチャイナ】

001 はじめてのマカオ
002 セナド広場とマカオ中心部
003 媽閣廟とマカオ半島南部
004 東望洋山とマカオ半島北部
005 新口岸とタイパ・コロアン

【Juo-Mujin（電子書籍のみ）】

Juo-Mujin 香港縦横無尽
Juo-Mujin 北京縦横無尽
Juo-Mujin 上海縦横無尽

【自力旅游中国 Tabisuru CHINA】

001 バスに揺られて「自力で長城」
002 バスに揺られて「自力で石家荘」
003 バスに揺られて「自力で承徳」
004 船に揺られて「自力で普陀山」
005 バスに揺られて「自力で天台山」
006 バスに揺られて「自力で秦皇島」
007 バスに揺られて「自力で張家口」
008 バスに揺られて「自力で邯鄲」
009 バスに揺られて「自力で保定」
010 バスに揺られて「自力で清東陵」
011 バスに揺られて「自力で潮州」
012 バスに揺られて「自力で汕頭」
013 バスに揺られて「自力で温州」

【車輪はつばさ】
南インドのアイラヴァテシュワラ寺院には建築本体に車輪がついていて寺院に乗った神さまが人びとの想いを運ぶと言います。

・本書はオンデマンド印刷で作成されています。
・本書の内容に関するご意見、お問い合わせは、発行元の
　まちごとパブリッシング info@machigotopub.com までお願いします。

まちごとチャイナ
遼寧省010撫順
～露天掘り炭坑と「煤都」[モノクロノートブック版]

2017年11月14日　発行

著　者	「アジア城市（まち）案内」制作委員会
発行者	赤松　耕次
発行所	まちごとパブリッシング株式会社
	〒181-0013　東京都三鷹市下連雀4-4-36
	URL http://www.machigotopub.com/
発売元	株式会社デジタルパブリッシングサービス
	〒162-0812　東京都新宿区西五軒町11-13
	清水ビル3F
印刷・製本	株式会社デジタルパブリッシングサービス
	URL http://www.d-pub.co.jp/

MP163

ISBN978-4-86143-297-2 C0326　　　Printed in Japan
本書の無断複製複写 (コピー) は、著作権法上での例外を除き、禁じられています。